AF579904

# LES PETITS GAGNE-PAIN PARISIENS

27 EXEMPLAIRES SUR VELIN
3 EXEMPLAIRES SUR JAPON
TOUS NUMÉROTÉS DE 1 À 30

Nº réservé
pour le Dépôt légal

Jean Richepin

de l'Académie Française

# LES PETITS GAGNE-PAIN PARISIENS

Eaux-fortes originales

de Georges Jeanniot

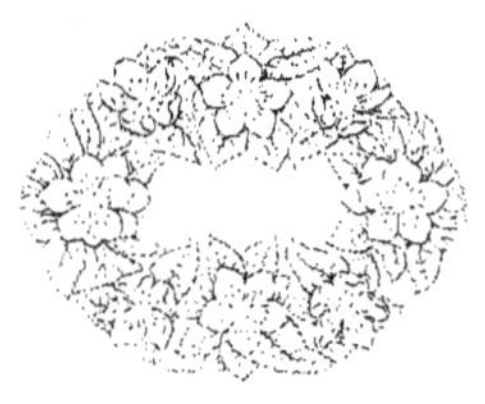

Paris

Gravés pour Jean Borderel

1927

# LE GARDIEN DE CHANTIER

*Ce d'où sort vin qui si bon fleure,*
*Cher robin, on n'eut point d'esprit*
*Quand on le nomma chantepleure.*
*Il a nom, pour moi, chanterit.*

*Jehan de Moyorye*

*Seul dans ce coin d'ombre propice*
*Aux graves pensers sur le Rien*
*Il semble un Mage assyrien*
*Sondant l'éternel précipice*

Ses yeux fixes, que ne distrait
Aucun vain plaisir de la terre,
Sont près d'arracher au Mystère
Son inextirpable Secret.

Son roquet immobile guette
Quel chiffre exprimant l'Absolu
Va le mage au bonnet poilu
Tracer du bout de sa baguette.

Et la Lune, qu'une vapeur
Rend plus sinistrement blafarde
Le dénonce à Dieu, la cafarde,
Si bien que Dieu lui-même a peur.

Rassurez-vous ! Le vieux écoute
Sonner l'heure tout simplement,
Et songe que dans un moment
Sur le zinc il boira la goutte.

# LE GARDIEN DU TROTTOIR

*Il n'est si piètre loqueton,*
*Chargé de paître, fût-ce une oie,*
*Qui, tenant au poing son bâton,*
*Sceptre d'empereur ne le croie.*

*Jehan de Moyorge*

*Viscope au front et pipe aux dents,*
*La blouse en baillière guerrière,*
*C'est du geste qu'il crie : "Arrière".*
*Et tous obéissent, prudents.*

Le Monsieur lisant sa gazette
Sous l'abat-jour de son gibus,
Et, guettant un vague omnibus,
La modiste qui fait risette.

Sous l'averse versée à seau
Et qui change en marais la voie,
Férocement il les renvoie
Prendre un bain de pieds au ruisseau;

Et tous pour son ordre barbare,
Lui disent merci, soulagés,
Comme si les pires dangers
Menaçaient le trottoir qu'il barre.

Nul danger pourtant n'y vient choir,
Sinon le crachat de sa bouche,
Et, lorsque son pif se débouche,
Ce qu'il en tire sans mouchoir.

## LE MARCHAND DE MARRONS

*Trop manger engendre gratelle.*
*Peu, mais qu'on goûte, nourrit mieux.*
*Puis ma faim, fringale fût elle,*
*Mange aussi du nez et des yeux.*

*Jehan de Moyorje*

*Devant le marchand de marrons,*
*Ouvrier, gosse et midinette*
*Font halte avec même binette,*
*Le nez en arrêt les yeux ronds.*

Ça sent bon, votre chair qui grille,
Fruits d'or brun au cœur farineux,
Que tourne sous ses doigts en nœuds
L'homme à la barbe de gorille.

Ça sent même si bon, si bon,
Qu'ouvrier, midinette et gosse
Font toujours aller ton négoce,
L'homme aux babines de gibbon.

Car, n'eut-on, à court de monnaie,
Que deux sous, juste pour son pain,
On les tend vite à l'Auvergnin,
Et c'est des marrons qu'on se paie.

Que de fois (chauds, les marrons ! chauds !)
Je n'eus que ce foin dans ma crèche,
Quand je trimais, soulé d'eau fraîche,
Mitron dans les fours-à-bachots !

TABAC
LIQUEURS

# LE BAGOTIER

*Il est oysel que j'aime encore,*
*Mieux que le coq aux rouges cris*
*Et mieux que l'aigle qui clangore :*
*C'est toi, moineau franc de Paris.*

*Jehan de Moyorye*

*Il court, court, courra toute une heure,*
*Suivant le fiacre ou l'omnibus,*
*Dans l'espoir d'un vague quibus*
*Qui trois fois sur quatre est un leurre.*

Même si c'était un costaud,
Poilu, rablé, de large torse,
On le plaindrait, malgré sa force ;
Or c'est un astèque plutôt.

Un maigre, à ventre de grenouille,
Faible, n'ayant le plus souvent
Que peau-de-zébi sauce au vent
Dans sa lamentable gidouille.

Aussi, quand pour ses quelques sous,
Au bout de la course anormale,
Tout blême, il prend l'énorme malle,
On croit qu'il va crever dessous.

Mais non ! Car le gas qui bagote
Est de Pantruche, et la connaît.
Comm'ça qu'on est quand on en est !
Tout en nerfs ! A la Parigote !

# LA BOUQUETIÈRE

*Entre tant d'amours à congraistre*
*Possible que soient les meilleurs*
*Ceux-là qui, n'ayant fait que naistre*
*S'en sont allés mourir ailleurs.*

*Jehan de Moyorye*

*Elle a main blanche et fier nichon*
*Chair fraîche, épaisse chevelure,*
*Un minois, du chien, de l'allure,*
*La bouquetière en bonichon.*

Un tablier de ménagère ?
Bah ! voilà qui vous est égal !
Quand même, on a le madrigal
Aux dents et l'âme bocagère.

On se sent Florian, marquis,
Talon rouge, l'œil en bataille.
Zeste ! on va lui prendre la taille,
Le menton, puis le..... C'est exquis !

Mais la môme à la fine esgourde,
Entendant battre votre cœur,
Vous jette un regard si moqueur
Que, d'abord, on en reste gourde,

Puis....., qu'on paie, avec un merci
Dont le madrigal se complète ;
Car il dit à la violette :
"Soit ! sans violer, j'aime aussi."

ABAC
GARES
LLARDS

# LE MANNEQUIN

*Vieille vestue en bachelette*
*Toujours se retrouve au pourchasse*
*Si point n'a de viandes, squelette,*
*Et si trop en a, mou pour chasse :*

*Jehan de Moyonje*

*Contemple le bien, douairière*
*Et passe, avec ton face à main*
*Le méticuleux examen*
*De son devant de son derriere.*

Quel modèle, ce mannequin !
Elle n'est ni maigre ni grasse,
Elle a l'élégance, la grâce.
Tu l'admires d'un œil coquin.

En rêvant ce rêve cocasse,
Sous les plumes de ton chapeau,
Que cette robe est pour ta peau
As-tu fini vieille carcasse ?

Mais ce chic aux subtils accords
Dont sa toilette nous câline,
Il sort d'elle, la gosseline.
De sa chair fraiche de son corps !

Et nul, tailleur ou couturière.
Avec tes charmes vermoulus
Désormais ne te fera plus
Ni ce devant ni ce derriere.

# L'ARROSEUR AU TONNEAU

*Veux-tu du tout guarit ? Écrase*
*Pillules de pinard surfin,*
*Fais boillir sans feu. Bois sans phrase.*
*Puis, soul, chante : Merci, bon vin !*

*Jehan de Moyorje*

*Quand nous viendra-t-il un bon roi*
*Qui change en vin l'eau des fontaines ?*
*Ainsi, dans ses Chansons lointaines,*
*Chantait Bouchor ; or, sans effroi,*

Ponchon et moi, la gueule en fête,
Nous gueulions ce souhait divin,
Surs de pouvoir, ces flots de vin,
Les boire en gardant notre tête.

Las ! le bon roi n'est point venu !
Mais l'arroseur toujours persiste
A nous la verser son eau triste,
Dont le gout nous reste inconnu.

Oui, seuls en ces temps œnophobes,
Nous t'aimons vin pur qui guéris !
Et, ne professant que mépris
Pour l'eau, véhicule à microbes,

Je brais encore, tel un jumard :
Quand nous viendra-t-il un grand sage
Qui dans les tonneaux d'arrosage
Change l'eau de Seine en Pomard ?

## LA MARCHANDE DE QUATRE SAISONS

*Souvente fois j'ai dire ouï*
*Qu'à trop parler femme enrouée*
*Se desenrouait, bien rouée*
*Avecque chanvre bien roui.*

*Jehan de Moyonje*

*Marchande des quatre saisons,*
*Que ta voix soit tendre ou bourrue,*
*Quand tu chantes dans notre rue,*
*Nous poètes, nous nous taisons.*

Car un, dont notre race est fière,
Nous est évoqué par ce chant ;
Et son souvenir nous touchant,
Vers lui monte notre prière.

Salut, roi des pleurs, des effrois,
Dieu qu'Athènes mit sur un socle
Auprès d'Eschyle et de Sophocle,
Et le plus humain de vous trois,

Euripide aux douceurs acerbes,
Éternel honneur de l'Hellas,
Et, sur le sol cher à Pallas,
Né d'une humble vendeuse d'herbes

Qui poussait là son charreton
En criant son pauvre bagage
Dans le même divin langage
Qu'ont parlé Socrate et Platon !

CAFE

# LE LAVEUR DE CHIENS

*Pour qu'Ennui point ne le mine,*
*Prends travail à grand trotton,*
*Chien qui quète, ce dit-on,*
*Ne sen puis plus sa vermine*

*Jehan de Moyonje*

*Le foutriquet et sa donzelle*
*Contemplent d'un air satisfait*
*Leur chien brossé. C'est qu'en effet*
*Le brosseur le brosse avec zéle*

Plus satisfait encore vraiment
Est le bon bull, dont la grimace
Semble dire : Turbine ! Masse !
Va mon vieux prends de l'agrément !

Nos fortunes sont différentes.
Toi, tu trimes. Nous, les cabots,
Ceux comme moi, les gros, les beaux,
Les aimés, on vit de ses rentes !

Oui, je comprends ! répond tout bas,
Sans rien dire, l'homme des berges.
On le gobe et tu te goberges !
"Pourquoi n'ai-je pas tes appas ?".

Et son œil pétillant d'astuces
Montre du reste avec quel soin,
Si Madame en avait besoin,
Il saurait bien tuer les puces.

# LES BALAYEURS DE NEIGE

*Que ta bonne humeur se maintienne*
*Et ne trouve à rien trop d'ennui,*
*Songeant que ta puissance tienne*
*Peut être est nuisance à autrui.*

*Jehan de Monorge*

*Toi qu'en image mortuaire*
*Tout poëte un jour évoqua,*
*Neige d'ouate et de mica*
*Dont ainsi l'on tisse un suaire ;*

Balle aux yeux blancs semeurs d'effrois,
Dont la bouche molle se joue
A poser sur la chaude joue
Du phtisique les baisers froids ;

Toi pour qui la joie est sans borne,
D'étouffer, sous l'épais velours
De tes flocons légers si lourds,
Les vieux gueux, seuls dans les champs mornes :

O neige, il en est, que voici,
Envers qui, tendre à ta manière,
Tu sais quand même être aumônière,
Et dont le cœur t'en dit merci.

Les doigts gourds, la chair moite
Ils ont, grâce à toi, ces chopins
De gagner par hasard leur pain,
Et tu leur parais toute en sucre.

# LE CIREUR DE BOTTES

*Parisiens au bout des pieds*
*Ont telle instinctive jugeotte*
*Qu'ils vont, l'œil clos, par les bourbiers*
*Sans y prendre garde à leurs bottes crottes*

*Jehan de Moyorge*

*Celui d'Espagne est toute joie.*
*Il frotte, au rythme d'un ronron ;*
*Il a pour cirage un citron*
*Et pour brosse un mouchoir de soie.*

Celui de Londres, boy sorcier,
Tout rouge parmi les ténèbres,
Dans les brouillards les plus funèbres,
Allume un noir au blanc d'acier.

Celui de Paris ? Ordinaire.
Ainsi très mal, de prime abord,
On le juge et l'on a grand tort.
Cireur ? Non. Commissionnaire,

Avant tout, voilà ce qu'il est,
Et, comme tel, à lui la pomme !
Crocheteur et bête de somme.
Coureur prompt à porter poulet,

Discret, malin, d'heureux augure.
L'œil et le nez toujours fleuris.
Dans l'Olympe du vieux Paris
C'était "le petit Dieu Mercure !".

## LE DISTRIBUTEUR DE PROSPECTUS

*Il cuydait livre excellent*
*Qu'entre tous on doit eslire*
*Estre cil au papier blanc*
*Où se lit ça qu'on veut lire.*

*Jehan de Moyouje*

*L'œil grave, quoique sans pensée,*
*Doux, mais vous barrant le chemin,*
*Il vous fourre sa feuille en main.*
*On prend. C'est la carte forcée.*

Refuse-t-on, fermant le poing ?
Il ouvre, lui, le sien, n'importe !
Mais le tas de feuilles qu'il porte,
On en sort, on n'y rentre point.

Et voilà comment, feuille à feuille,
Chacun lâchant celle qu'il a,
Les feuilles vont de ci, de là,
Jusqu'au trottoir qui les recueille.

Pour en faire quoi, sous les pieds,
Dans les crachats, la boue immonde ?
Rien de rien. Que de pauvre monde
Pareil à ces pauvres papiers !

Que d'êtres en vaine réclame
Gaspillés par la Vie ainsi,
Nul n'ayant jamais pris souci
De lire ce qu'ils ont dans l'âme !

# LE MARCHAND DE GUI

*Je viel homme, vous prie en grâce,*
*Ne me cantez la guillanneu*
*Qu'à muche-t'en pot, la voix basse,*
*Comme si já je fusse feu.*

*Jehan de Moyorje.*

*Ô bon vieux gui parasitaire,*
*C'est sous tes touffes en arceaux*
*Qu'avec un baiser de puceaux*
*On se fiance en Angleterre.*

Sa faucille d'or à la main,
La druidesse notre aïeule
Te coupait au bois, nue et seule,
Avant le sacrifice humain.

Flirt ou meurtre, est ça qu'il cherche,
D'un regard disant qu'il a bu
Ou qu'il est fou, l'homme barbu
Qui te porte au bout de sa perche ?

On ne sait pas ; mais bien ou mal,
Son rêve est parmi les funèbres.
Comme enveloppé de ténèbres,
En plein jour il est fantomal.

Peut-être aussi sa mine grise
Vient-elle de ce qu'il vend peu
Ce gui, porte-bonheur vieux jeu,
Qui fiche aujourd'hui la cerise.

## LE MARCHAND DE JOUETS DU JOUR

*Badauds de Paris n'ont de joie*
*Qu'à bader, sans plus, en badauds,*
*N'ayant que regards pour monnoie,*
*Et mains toujours au bas du dos.*

*Jehan de Moyonje*

*C'est un Monsieur ! Ses mécaniques,*
*Il n'en fait pas le boniment,*
*Mais en parle tout uniment,*
*Avec quelques termes techniques.*

Souvent même, il n'en parle point.
A quoi bon ? Il courbe l'échine,
Pose à terre chaque machine,
La remonte, la met au point.

Puis, dédaignant tout mot prolixe,
Lui dit : « Va ! » d'un geste puissant.
Et le gymnaste obéissant
Tourne autour de sa barre fixe ;

L'oiseau bat des ailes soudain ;
Le clown au même instant débute,
Faisant culbute sur culbute ;
Mais, modeste Robert-Houdin,

Sourd aux succès illégitimes,
L'homme conclut, avec mépris
Et le pur accent de Paris :
« Mes trois derniers ! Cinquint' cintimes ! »

## LE RACCOMMODEUR DE PORCELAINE

*De ma cendre et d'eau, potier,*
*Faics, sur ta röe qui bouge,*
*Ung toupin que de vin rouge*
*On remplira tout entier.*

*Jehan de Moyonje*

*Comme le dit la cantilène*
*Qu'il glapit en voix de matou,*
*Il raccommode tout, tout, tout :*
*La faïence et la porcelaine.*

L'ambre, le cristal et le stuc,
L'ivoire, le grès et l'albâtre.
Le marbre aussi bien que le plâtre.....
Et comment fait-il ? C'est son truc.

Vieux truc ? Oui. La nouvelle école
Il s'en moque. Il n'a pour outils
Qu'un gros poinçon et deux petits,
Du fils d'archal, un pot de colle.

Puis certaine pâte...... En mastic ?
Non. En ciment ? Zut ! En glu ? Flûte !
Et c'est.....? Quelque chose qui lutte.
Tient, joint, clôt. C'est.....? Voilà le hic !

Mais avec ça notre bonhomme,
Raccommodant n'importe quoi,
Eût raccommodé même toi,
O Vase de Sully-Prudhomme !

# LE RÉSULTAT DES COURSES

*J'ai resvé (sans doubte estois-je ivre)*
*D'un cheval qui menoit tels trains*
*Que sa queue avec tous ses crins*
*Un jour chut, ne pouvant le suivre......*

*Jehan de Moyonje*

*"Complet des curses !....." Tout courant,*
*Tout criant son cri qui clangore.*
*Il débite et débite encore*
*Son papier qu'on prend, prend et prend*

Il passe, il court, il crie, il cause
Avec l'un, l'autre, puis s'enfuit;
Mais un second de prés le suit
Qui trompette la même chose:

"Complet des curses"! .... Celui-ci
Hurle plus fort et va plus vite.
C'est comme un cyclone. On l'évite;
Mais on prend son papier aussi.

Bon! Un troisiéme! Un quatriéme!
Combien sont-ils?. Vingt? Trente? Cent?
Mille?. Non. Passant, repassant,
C'est toujours et toujours le même.

Voix dont tout notre ciel s'emplit,
C'est l'Ubiquiste et l'Egrégore
Qui vend encore, encore, encore.
Son papier qu'on lit, lit et lit.

# LE RAMASSEUR DE MÉGOTS

*Un gueux, voyant guenille ancienne*
*Estre espouvantail sur talus,*
*Pour elle tôt mua la sienne,*
*Qui ancienne estoit encore plus.*

*Jehan de Moyonje*

*Vous qui fumez à la terrasse,*
*Plumitifs, soyez amicaux*
*Pour les ramasseurs de mégots,*
*Tant, d'entre vous sont de leur race!*

Fouillez, vous, tristes gueux, cherchez,
Sans que votre crochet s'égare,
Bouts de sibige ou de cigare,
Lâchés, gâchés, mâchés, crachés.

Quand au soleil qui les redore
Vous en aurez fait avec soin
Du tabac sec, mais fade, en foin,
Des gens les fumeront encore.

Combien, parmi nos esprits fins,
Fabricants de vers et de prose,
N'ont jamais su faire autre chose,
Et sont, comme vous, des biffins,

Cueillant, du crochet de leur plume,
Les mégots voués à l'égout,
Pour en faire un tabac sans goût
Que le pauvre public refume !

# LE MARCHAND DE BALLONS

*Dictes-moy où n'en quel livre*
*J'apprendrai de brocs combien,*
*Avant que de choir mort-ivre,*
*Doit boire un homme de bien.*

*Jehan de Moyonje.*

*Tiens, mignon ! Cent sous. Fais largesse.*
*Achète ! Oui, tout ! Achète, allons !*
*Ce qu'il vend là, l'homme aux ballons,*
*C'est la folie et la sagesse.*

Tu les verras montant, montant,
Astres en rouges confitures,
Fous de liberté, d'aventures.....
Et tu voudras en faire autant.

Puis tu les verras dans l'espace,
Ou bien disparaître, indistincts,
Ainsi que les rêves éteints
D'un agonisant qui trépasse,

Ou le ventre soudain crevé,
Choir d'une chute qu'on bafoue,
Dans la poussière, dans la boue
Dans les ordures du pavé.

Et que tu pleures en cachette
Ou que tu sanglotes tout haut,
C'est ça la vie. et vivre il faut....
Achète, mon enfant, achète !

# LE MARCHAND DE PLAISIR

*Cri de fruits, poissons ou légumes,*
*Cri de tout ce qu'en rue on vend,*
*Né devant l'heure où nous vécûmes,*
*Nous morts, restera plus vivant.*

*Jehan de Moyorje*

*(Voilà l'plaisir, Mesdames! Voilà .....*
*(L'plaisir!) Oui, j'entends, parguenne!*
*On la sait par cœur, la rengaine!*
*A peine au monde, on l'avala;*

On l'entendit, gosse anémique ;
On l'entend toujours, vieux rentier ;
Et ta Louise, ô Charpentier,
La pleure à l'Opéra Comique.

Or, moi, je demande à genoux,
La phrase où nous nous attardâmes,
Qu'on y change un seul mot ! (Mesdames)
Elles ! toujours ! Pourquoi pas nous ?

Il n'y en a donc que pour elles ?
Mais nous aussi nous t'aimons, va,
Cher plaisir dont on nous priva
Pour n'en bourrer que nos bourrelles !

Et j'attends, sous les nouveaux cieux
Où fleuriront d'autres folies,
La voix des marchandes d'oublies
Chantant : Voilà l'plaisir, Messieurs !!

## CHANTEURS DE RUE EN HIVER

*La neige est follastre qui joue,*
*Posant sa paume en mol coton,*
*Bouche d'eau froide à vostre joue,*
*Dont pleure blanc vostre menton.*

*Jehan de Moyorye*

*Rêveurs sans but qui, sur le dos*
*Dans le néant faites la planche,*
*C'est leur frou-frou qui vous déclanche*
*La porte des Eldorados.*

Amoureux, c'est à leur romance
Que votre désir alangui
Boit la goutte de riquiqui
Par quoi le combat recommence.

Allons, ne soyez pas ingrats !
Oui, cueillez en paix votre rêve ;
Savourez votre extase brève ;
Puis quittez le nid chaud des draps ;

Et là, sous la neige en charpie,
Par la fenêtre aux froids bisons,
Jetez à ces gueux quelques sous.
Ils ont l'onglée et la roupie.

Le cœur peut-être plein de fiel,
Et, pour sûr, les loques étranges ;
Mais, quand même, c'est eux les anges
Qui vous ont fait monter au ciel !

# LE POSEUR DE PATINS

*Mésanges sont gents oiselets*
*Amantes de Génovéfines,*
*Aimant au soir baller ballets*
*Que zinzilulent leurs voix fines*

*Jehan de Moyorje*

*Voyez le geste, la posture,*
*La fièvre des doigts et des yeux,*
*L'agenouillement vicieux,*
*Écrasé, mort, contre-nature....!*

Suis-je sadique ? Il se pourrait :
Mais ce qui vient de m'apparaître,
Là, c'est le très étrange prêtre
De quelque affreux culte secret.

Poseur de patins, lui, cet homme ?
Allons donc ! Un suppôt du Mal,
Fou d'un amour plus anormal
Que ceux de Gomorrhe et Sodome.

Parmi les monstrueux péchés,
Quel est le pire, qu'il pratique ?
Dans la Somme Casuistique
Des anciens confesseurs, cherchez !

Car il faut la langue latine
Pour vêtir de mots les instincts
Que chez ce poseur de patins
Engendre le pied qu'il patine.

## L'HOMME AFFICHE

*C'est aveugle, bouffi d'orgueil,*
*Disait à ce borgne, envieux :*
*Tu n'es aveugle que d'un œil ;*
*Moi je suis borgne des deux yeux.*

*Jehan de Moyorje*

*Ne te cache pas le visage*
*En simulant un coryza,*
*Pauvre bougre qu'on déguisa*
*Et qui gâtes le paysage.*

Oui, ton ennui, je le comprends :
Mais, si tu restas sans ressource,
Tes parents jouant à la Bourse,
C'est la faute de tes parents.

Oui, le rouge à ta face monte,
De porter, lamentable outlaw,
Cette livrée et ce tableau,
Mais je n'en comprends pas ta honte.

Quand il faut vivre, qu'on a faim,
On prend ou l'on peut sa pitance.
Et j'estime ........ Plein d'importance,
Mon vieux labadens dit enfin :

- La honte, vois-tu, je m'en fiche
Ce qui me donne de l'ennui,
C'est de n'être pas lui - Oui, lui ?
L'homme-sandwich à double affiche.

MAGIK
MAGIK

# LES COTIERS

*Fût-il de roi, cheval veut être*
*Moins que bœuf, fût-il de vilain.*
*L'un meurt vieux; mais vieillit sans paître,*
*L'autre, jeune; mais ventre plein.*

*Jehan de Moyorje.*

*En Espagne, ils mourraient du moins*
*Dans l'arène, avec une foule*
*Se soûlant à leur sang qui coule.*
*Mort de héros, devant témoins.*

J'en ai vu dans leur agonie.
L'œil plein d'un mépris si nouveau
Que les femmes criaient bravo.
Leur charogne en était bénie.

Mais ceux-ci les cotiers, chez nous :
Pauvres vieux serviteurs fidèles,
Ils crèvent en haridelles,
Glissant dans la boue à genoux,

Sur les durs pavés gras et traîtres
De quelque long faubourg hideux,
Où nul n'aura pris pitié d'eux,
Pas même toi l'homme de lettres,

Voué peut être à leur trépas,
Puisqu'on voit dans notre sentine,
Un vieillard comme Lamartine
Journaliste, et n'en vivre pas.

Les Côtiers
Jeanniot

## MARCHAND D'HABITS

*Est-il vrai, toi mort, que tout meure ?*
*Point. En frusques vieilles qu'on vend,*
*Un ne sçais quoi de toi demeure.*
*Qui le vend, vend de toi, vivant.*

*Jehan de Moyonje*

*Chand d'habits !...... Oui, je me souviens.*
*Mais, j'en fais l'aveu sans mensonge,*
*Les chands d'habits auxquels je songe*
*Me semblent antédiluviens.*

Non que plus je ne reconnaisse
Leur cri, toujours mineur, en la !
Mais c'étaient, ces chands d'habits-là,
Les chands d'habits de ma jeunesse.

Ceux d'aujourd'hui l'ont bien encor,
Le cri, plein de plaintes pareilles ;
Mais je n'ai plus mêmes oreilles
Pour l'ouïr, ni même décor.

Dans le Paris de ma bohême,
C'était un poëme, leur voix ;
J'en étais le héros parfois
Du picaresque et gai poëme.

Au Paris neuf que je subis,
Rien ne m'est plus ni fou ni tendre.....
C'est donc vous seuls que j'aime entendre,
Fantômes de mes chands d'habits !

## LE PORTRAITISTE

*Quoique belles en pourtraicture*
*Me plaisant fort, n'en prends souci.*
*Moins belle es-tu, mais en nature,*
*Et ma faim de toi l'est aussi.*

*Jehan de Moyorye*

*Sur la place de la Concorde*
*Il n'est plus depuis les autos.*
*Las ! En quels quartiers moins brutaux*
*A-t-il trouvé miséricorde ?*

Il n'était plus jeune, et pourtant
Avait gardé son air d'artiste,
Chemise à devant de batiste,
Cravate molle au nœud flottant,

Chapeau de trop large envergure,
Cheveux trop longs, souliers trop courts,
Il ne faisait pas grands discours
Et dessinait bien la figure.

Provinciaux et paysans
Formaient surtout sa clientèle.
Dans ses hachures en dentelle
Ils se trouvaient plus séduisants.

Quelle est sa retraite inconnue ?
Comme on aimerait, le pauvret,
Aller lui poser un portrait
D'Immortel en grande tenue ?

# LE VITRIER

*Rose ne gît parmi les roses,*
*Ne verd aux prés, n'azur aux cieux,*
*N'aucune couleur en les choses,*
*Ains, selon ton cœur, en tes yeux.*

*Jehan de Moyonje*

*La vie en beau ! La vie en beau !*
*Ainsi hurle, dans Baudelaire,*
*Ton ennemi fou de colère ;*
*Et son geste à la Mirabeau,*

Te lapidant par sa fenêtre,
Cassant les verres sans pitié,
T'assomme toi-même à moitié.
Eh! que n'a-t-il pu me connaître?

Il m'eût, à moi, jeté des fleurs.
Je suis le poseur de mensonges:
Mes verres sont couleur de songes
Qui sont de toutes les couleurs.

La vie est belle, belle, belle!
Voilà ce qu'on entend crier
Dans mon suave: oh! vitri.....er!
Écoute comment je le bêle:

Je sais bien que le monde est laid......!
Donc, pourquoi ce verre sévère
À travers lequel il s'avère
Encore plus laid qu'il ne l'est?

# L'HERCULE

*Porteurs de poids, faiseurs de tours,*
*Ont toujours filles à leurs trousses :*
*Car c'est aux plus solides tours*
*Que tintent cloches les plus douces.*

*Jehan de Moyorge*

*Au débouché du Pont des Arts,*
*Paradis du bibliopole,*
*Près des lions de la Coupole,*
*Bien plus Laridons que Césars,*

C'est là ton étape dernière

Toi, mon maître, en coup de collier,

Du temps que j'étais escholier,

Ô Louis de la Pépinière.

Roi du vingt-cinq à bras tendu

Et du cent-vingt d'arraché, et prince

Unique du trente à la pince,

Toi, beau lutteur à qui j'ai dû

Un manche à manche avec Marseille

Et de tomber Dubois-le-Gros!

Tu masses donc toujours, héros?

Plains-moi, dit-il, je te conseille.

Toi qui, paraît-il, là-dedans,

Fais encore ton ordinaire

D'un énorme dictionnaire

Que tu portes à bout de dents.

# LE COUPEUR DE CORS

*Lorsqu'autour du vendeur de drogues*
*Pour l'écouter s'assemblent gens,*
*Toujours sont là roquets et dogues,*
*Seuls oyeurs intelligents.*

*Jehan de Moyonje*

*On l'exerce le plus souvent*
*D'une façon discrète, obscure,*
*L'humble métier de pédicure.*
*Celui-ci l'exerce en plein vent.*

Puisque Jeanniot nous le montre,
C'est qu'il l'a vu, n'en doutons pas.
Moi, jamais aucun de mes pas
N'a fait cette auguste rencontre.

Sinon, plus fier de mon Paris
Dont je connais toutes les rues,
L'aimant aussi jusqu'aux verrues,
J'eusse à l'instant poussé des cris,

Des cris fous et thuriféraires,
Devant ce héros, ce martyr,
Qui ne veut rien voir ni sentir
Pourvu qu'il soulage ses frères,

Et qui gagne, seul aujourd'hui
Pour braver l'antique anathème,
Son pain, sans trop suer lui-même,
A la sueur du pied d'autrui.

0.50

# L'OUVREUR DE PORTIÈRES

*A quiconque vous ouvre porte*
*Il sied de donner peu ou prou,*
*Peu pour entrer, prou pour qu'on sorte*
*Et double s'il rompt le verrou.*

*Jehan de Moyonje*

*De quelles portières ? N'importe,*
*A combien de choses déjà,*
*Dont figure et nom, tout changea,*
*Les ai-je vus ouvrir la porte !*

Diligence, fiacre, landau,
Chaise, carrosse ridicule,
Et toi, reine du véhicule,
Chère gondole, ô fiacre d'eau!

Aujourd'hui, c'est à la portière
Des autos qu'il fait beau les voir.
Ils y remplissent leur devoir,
Graves, bien mis, la mine altière.

Ceux de jadis étaient des gueux.
Valaient-ils mieux ou moins? J'ignore.
Mais ceux dont l'avenir s'honore,
Eux, comment seront-ils donc, Eux?

Les Cabs du ciel, loin de nos franges,
Pour avoir là-haut, sur leurs quais,
Des ouvreurs assez distingués
Trouveront-ils encore des anges?

*Les douze eaux-fortes qui suivent*

*devaient illustrer 6 poèmes*

*que la guerre & la santé*

*du Maître* JEAN RICHEPIN

*ne lui ont pas permis d'achever*

COCO

VINS

Les vingt neuf poèmes
de Jean Richepin ont été
écrits en 1913.
Les eaux-fortes originales
de G. Jeanniot ont été exécutées
également en 1913.
La guerre et l'après guerre
n'ont permis l'achèvement
de la gravure du texte
qu'en 1925-1926
par E. Lartaud.
Le tirage a été fait par
Leblanc & Trautmann
en 1927.

www.ingramcontent.com/pod-product-compliance
Lightning Source LLC
LaVergne TN
LVHW050415160826
845677LV00002BA/391

*9782329796567*